七田式超右脳英語ドリル

Drills in English Based on the Shichida Method

英語で日本昔ばなしを聴く

教育学博士 七田 眞

2倍速・3倍速を含む CD付き

Let's try!

総合法令

はしがき

英語は右脳学習がカギ

　人間には、今使っている能力回路とは別の能力回路があるのです。それは右脳に隠されています。人間は普通左脳の学習回路しか使っていないので、この右脳の学習回路についてはほとんど知らずにいます。知れば途方もない能力を次々に開発できるのに、そのような学習回路の存在を知らないばかりに、学習効率の悪い左脳の回路を使うことで、満足しているのです。

　英語の学習法も、左脳学習法から右脳学習法に変えると、学習効果が突然変わってしまいます。英語の右脳学習法とはどのような学習法でしょう。実は、左脳には低速で情報を処理する作業回路の働く脳で、右脳は高速で情報処理をする脳なのです。同時に右脳には、入力された情報間に法則を見つけ、自由に表現する高速自動処理機能があります。

　この能力を引き出すには、できるだけ早いスピードで英語を聞く必要があります。その学習法を高速視聴読学習法といいます。テキストを見ながら、2倍速〜4倍速の速さで吹き込まれたCDを聞き、同時に口でCDに合わせて発語していく訓練が、たちまちあなたの英語力を変えてしまいます。

私たちの耳には、「聞き慣れない音は聞き入れない」という、音を選別して取り入れないフィルターの働きをする中耳があって、このために日本人の耳には、何年勉強しても、英語が聞き取れない聴覚でいるのです。これを音の壁といいます。この音の壁の存在のため、普通のスピードで吹き込まれたテープやCDを、長年聞いて勉強しても、英語が聞き取れるようにはなりません。ところが、2倍速〜4倍速の速さで吹き込まれた英語のCDを聞くと、たちまち聴覚の壁が崩れ、英語がスッと聞き取れる耳に変わります。

　英語の学習に、この聴覚を変えるという発想がなくては無駄な学習を続けることになるでしょう。聴覚を変える発想がないと、長年英語のテープを聞いて勉強しても、お金をかけて学習しても、英語はいつまでも身につかないままでしょう。
　この本についているCDを、テキストを見ながら1日30分〜1時間、1カ月間聞き続けましょう。すると、音の壁が崩れ、聴覚が開かれて、英語がはっきり聞き取れる耳に変わります。

　古谷さん（60歳の女性）は言います。「『高速学習法が大切。聴覚を変えることが大切』と聞いて、先生の倍速・4倍速のCD付英語トレーニングを2か月前から、毎日30分間必ず続けました。すると、1週間前から英語がはっきり聞き取れる耳に変わっているのを発見しました。今、映画館でやっ

ているイギリス映画『ナルニア国物語』がなんとはっきり聞き取れるようになっている自分を発見したのです。長年普通のスピードのテープやCDを聞いて、勉強してきたのに、やはり聞き取れなかった耳が、高速学習では簡単に変わってしまったのを体験してしまったのです。感激でした」

　高速視聴読学習法こそ、英語を最も早く身に付ける学習法です。皆さんがこのテキストを使って、急速に英語力を身につけてくださることを願っています。

七田　眞

CONTENTS

はしがき　3

Part 1 ……………9
あなたの脳に劇的な変化を起こす
超右脳トレーニング法

1　英語が出来ないのは学習の仕方に問題がある　10
2　目標を決めて決意する　12
3　英語が聞き取れる"耳"をつくる　14
4　『高速視聴読トレーニング』で英語脳をつくる　16
5　語学の天才たちが実践した音読・暗唱　18
6　英語脳をつくる"ディープリスニング"　20
7　"イメージ力"をフル活用する　22

Part 2 ……………27
驚異の効果！
『七田式超右脳英語ドリル』
で英語学習を実践してみよう

『七田式超右脳英語ドリル』の進め方　28

1日30分！　高速・視・聴・読トレーニング　37
- Lesson 1　"Rolling Rice Ball"　38
  『おむすびころりん』
- Lesson 2　"Urashima Taro"　48
  『浦島太郎』
- Lesson 3　"Momotaro"　60
  『桃太郎』
- Lesson 4　"Crane's Repayment"　72
  『鶴の恩返し』
- Lesson 5　"Princess Kaguya"　86
  『かぐや姫』

昔ばなし日本語作成　ハイブロー武蔵
昔ばなし英訳　Emiko & Vincent Marx
CDナレーション　Tom Slattery & Erin Ellis
カバーイラスト及び本文イラスト　Chiz
装丁　八木美枝

Part 1

あなたの脳に劇的な変化を起こす
超右脳トレーニング法

1 英語が出来ないのは学習の仕方に問題がある

　本書は6カ月の学習で英語がしゃべれるようになれることを目標としています。

「本当にそんなことが可能なのか？」

　もちろん、対象としては中学卒業レベルの英語を身に付けていることを前提としています。

「しかし私は、中学・高校と最低でも6年間は英語を勉強したけども、英語をしゃべれるようにはならなかった」

　そうなのです。本書を手に取った多くの読者がこのような経験をお持ちなのではないでしょうか。

　結論から申し上げると学習の仕方に問題があるのです。中学・高校などで学ぶ英語は、結果としてテストで高得点を取るための学習が中心です。そのため、脳の一部しか使われていません。いわゆる短期記憶を目的とした左脳中心の学習法なのです。

これに対して本来言葉を覚える行為とは全脳的なものです。そして人間は本能的にその能力を身に付けているのです。子どもが母国語を覚える過程を見れば、そのことは理解していただけると思います。

そして大人になった我々が、第2言語として英語を習得するのに最も優れているのが、私が提唱している**"右脳"を中心とした学習方法**なのです。

2 目標を決めて決意する

　それでは具体的にその学習法のポイントを解説していきます。

　まず一番大切なことは、**目標を決めてそれを必ず達成するぞと決意する**ことです。

　何事においてもそうですが、特に語学の習得にいちばん大切なことは継続することです。継続こそ力なのです。"言葉を覚える"という行為は学校での学習のように、すぐに結果が現れません。たとえばテストであれば、1カ月がんばれば、60点が70点になり、また1カ月がんばれば80点というように点数で結果がわかります。

　しかし英語が"聞き取れる""しゃべれる"という能力はテストのような結果にはなりません。それはあたかも器に水を注ぎ込む行為に似ています。英語脳という名の器に英語という名の水を流し込みます。人によってその量のたまり具合は違いますが、ある一定量を正しく流し続ければ、必ず水はあふれてきます。**その瞬間が「英語が自然に聞き取れた」「英語が口から自然に出た」**時なのです。問題はその器が目に見えないということです。多くの英語学習者はそのために

途中で挫折してしまいます。そうならないためにも、まず、
1.「自分は必ず英語がしゃべれるようになれる」ことを信じること
2.英語がしゃべれるようになった自分のイメージをできるだけリアルに思い描くこと
3.そのためにも毎日の学習を計画し必ず実行すること
が大切なポイントになります。
　特に毎日寝る前に、瞑想(めいそう)やイメージトレーニングをすることをおススメいたします。具体的なイメージトレーニングの方法は後でまた説明します。

3 英語が聞き取れる "耳"をつくる

　言語を習得する上でいちばん重要なのは**"耳で学ぶ"**ということです。

　あまり良いたとえではありませんが、耳が不自由な人は声を出す器官に異常がなくても、言葉を話すことができません。

　言葉を話すという行為は決して学問ではありませんので、文字を読む行為だけでは身に付かないのです。逆に文字が読めなくてもその国の言語をしゃべる人はたくさんいます。ですから英語学習においてはリスニングを中心とした学習が何よりも大切なのです。

　しかし、多くの日本人にとってこの"リスニング"が問題なのです。

　各国の言語には、それぞれの言語の**周波数領域帯**があるのです。

　日本語は125〜1500ヘルツまでの低周波音域。

　米語は1000〜3800ヘルツの高周波音域。英語はそれよりもっと高い2000ヘルツ以上1万3000ヘルツまでの高周波音域の言葉なのです。

　ここに日本人が英語のリスニングを不得意とする原因があります。

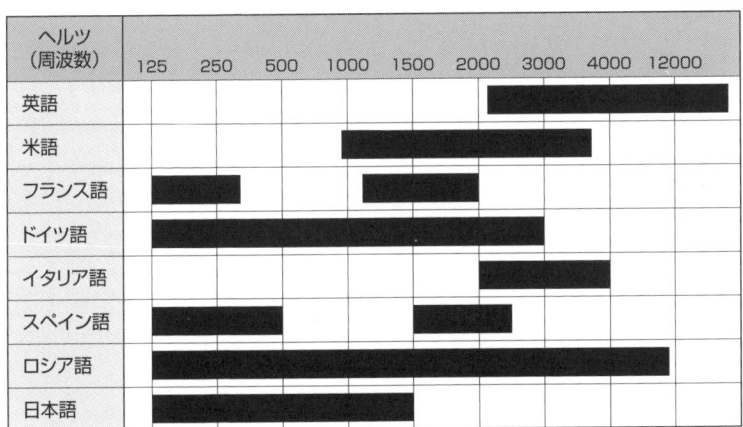

各民族の言語のパスバンド

英語のパスバンドは2000ヘルツ以上で、これに対しスペイン語、フランス語、日本語はそれ以下の音域に属している

村瀬邦子著『最強の外国語学習法』(日本実業出版社)より

　そこで重要なポイントは英語を聞き取れる耳をつくるということです。

4 『高速視聴読トレーニング』で英語脳をつくる

　それではどうすれば英語を聞き取れる耳がつくれるかということですが、私は**右脳の持つ特性を最大限**に利用した『**高速視聴読学習**』を薦めています。

　これは英語のネイティブスピーカーが通常の速さで話した音を、ピッチなどを変えずに特別に処理された2〜4倍の音を聞きながら、同時にテキストを見ながら声に出すトレーニングです。

　一般で市販されている英語のリスニング教材は日本人でも聞き取れるように、かなりゆっくりとしたスピードで録音されています。多くの日本人の聞き方は、聞こえてきた音声を一度カタカナに変換して、さらに日本語に直して意味を理解しようとします。これではいつまでたっても、ネイティブスピーカーのしゃべる英語を聞き取ることはできません。

　これに対して2〜4倍速の音を聞くとどうなるか。脳は聞こえてきた音を初めは左脳で理解しようとします。聞こえてきた音をカタカナに変換して意味を理解しようとしますが、もちろんそれではスピードがまったく追いつきません。すると脳は、今度は右脳で情報処理をしようとします。左脳は低速の学習機能を得意とするのに対して、右脳は高速の情報処

理機能を得意とします。また大量の情報を記憶するのにも優れており、論理的な理解を一切必要としません。こうして**大量に処理された情報は右脳の無意識下の領域で処理され、やがて英語を処理する領域を形成していく**のです。

5 語学の天才たちが実践した音読・暗唱

"言葉をしゃべる"という行為はアウトプットです。ですから大量の情報を高速でインプットしているだけではダメです。
　そこで重要になるのが音読・暗唱なのです。
　トロイ遺跡の発掘で有名なドイツの考古学者**ハインリヒ・シュリーマンは語学の天才**でもありました。彼はその著『古代への情熱』の中で次のように書いています。

「〜私はあらゆる言語の習得を容易にする一方法を発見した。この簡単な方法とはまず次のことにある。非常に多く音読すること。決して翻訳しないこと、毎日一時間をあてること、つねに興味ある対象について作文を書くこと、これを教師の指導によって訂正すること、前日直されたものを暗記して、次の時間に暗唱すること。私の記憶力は少年時代からほとんど訓練しなかったから、弱かったけれども、私はあらゆる瞬間を勉学のために利用した。〜中略〜私はこのような方法を何人にも推薦する。このようにして私は半ヵ年のあいだに英語の基礎知識を我が物にすることができた」（シュリーマン著村田数之亮訳『古代への情熱』 岩波文庫）

シュリーマンは成人してから必要に迫られこの方法を自ら編み出し、後には新しい外国語をマスターするのに、6週間を必要としないまでになったそうです。やがて彼は**18カ国語をマスター**してしまいました。

このように音読・暗唱は語学習得に最も重要な学習方法であると同時に、**記憶の質を変え、ボケの防止にもつながる**ことが近年の研究で明らかになってきています。

6 英語脳をつくる"ディープリスニング"

　もう1つ、英語脳をつくるのに最適な方法をご紹介します。それは、**"ディープリスニング"**という方法です。
　取り組み方は次のようなものです。
①英語のCDやテープの音声を聞きながら、文字に書き起こしていきます。最初は1センテンスごとにポーズを入れて書きます。慣れてくればセンテンスの数を増やして、文脈を意識しながら書き起こしてください。この際に聞き取れなかったところは下線を引いて飛ばします。また、スペルも間違ってもかまいませんので、聞こえたとおりに書きます。
②この作業を何度か繰り返します。2回目以降は特に前回聞き取れなかったところに注意します。
③聞き取れなかったところとスペルのチェックを、テキストを見て書き直します。また単語や意味の分からなかったところもチェックします。

　最初は大変でしょうが、ゲーム感覚で続けてみてください。高速視聴読トレーニングと平行してやっていると、**回を追うごとに聞き取れる量が増えていく**のを実感していただけると思います。そして3カ月を過ぎたころには、あなたのリスニ

ング力とスピーキング力は飛躍的に向上していることでしょう。

7 "イメージ力"を フル活用する

　最後のポイントは、すべての学習過程において**"イメージ力"をフル活用**することです。

　右脳はイメージ脳で、大量の情報を長期的に記憶するのに向いています。たとえば1度会ったことがある人の名前を思い出せなくても、その人のイメージは残っていて、「過去にあったことのある人だ」ということは認識できるはずです。人の名前を覚えたりするのが得意な人は必ずといっていいほど、イメージで覚えています。つまり右脳を活用しているわけです。

　英語学習においては、常に単語やセンテンスはイメージ化しましょう。たとえば
Don't hurt others by deception.
という文章があります。"deception"という単語が分からないとして、deception＝詐欺という風に、常に日本語を介して覚えるのでなくdeceptionされたイメージ（ごまかされたり、だまされた）を思い描いて覚えるようにします。また文章もできれば自分が誰かに「人をだまして傷つけてはダメだよ」と言っている場面を想定してイメージ化します。

　本書の題材として皆さんになじみの深い日本昔ばなしを取

り上げたのも、実はこれが大きな理由なのです。CDを聞きながらイメージを膨らましていくと、分からない単語が出てきても、推測することができます。これも英語学習においてとても大事なポイントです。分からない単語が出てくるたびに読んだり、聞いたりする作業を止めて辞書などで調べていると、学習効率が落ちるのはもちろん、左脳が働いて短期的な記憶にとどまってしまいます。ですからぜひ、右脳の特性を生かして、英語の情報をイメージ処理する習慣をつけてください。

それとイメージ力を活用する方法として大事なポイントがもう1つあります。右脳はイメージ脳ですから、現実にあったことと、自分が想像したことの区別がつきません。その特性を生かして、寝る前などの時間に自己暗示をかけるのです。すると英語に対する苦手意識は消え、必ず英語が習得できるという自信がわいてきます。

具体的な方法としては英語の学習を始める前に瞑想をしてみましょう。まず、目を軽く閉じて心を落ち着かせてください。体の力は抜いてリラックスさせます。30秒ほどリラックスした気分を味わったら、次に呼吸を腹式呼吸にしていきます。まず口から細く長くゆっくりと息を吐きます。この時、意識は丹田（おへその下の指3本分ぐらいのところ）に意識を集中させ、お腹をゆっくりとへこましていきます。吐きき

ったところで自然にお腹を緩めて、鼻からゆっくりと息を吸います。この時も意識は丹田に置き、自然にお腹が膨らむように息を吸います。

　腹式呼吸になれてきたら、イメージトレーニングをしましょう。まず息を吐く時に、体中の疲れや悪いものがすべて出て行くように想像してください。そして吸う時は、新鮮な空気が体の隅々に行き渡り、体中の細胞がリフレッシュしていく想像をします。十分にリラックスした気持ちの良い気分を味わえたら、次に英語習得のイメージをつくります。まず心の中で「私は語学の天才です。毎日楽しく英語学習をすることで、私は半年後には英語がペラペラにしゃべれるようになります」とつぶやきます。実感がわかない時は声に出して言ってみてください。そして半年後のあなたの姿を想像してみましょう。例えば、町で外国人に道を聞かれてペラペラと答えています。一緒にいた友だちはあなたを羨望(せんぼう)のまなざしで見ています。他にはアメリカに行き、大きな商談を成功させたイメージでも良いでしょう。大事なのは**あなたがいちばんワクワクするような場面を想像すること**です。そのワクワク感を十分楽しめたら大きく息を吐いて、吸いながらゆっくりと目を開けます。

　これであなたの脳はα波になっており、右脳を十分活用できる状態にあります。

寝る前にも同じように、英語を習得したイメージトレーニングをすると良いでしょう。

　イメージトレーニングはスポーツの世界でも必須のトレーニング法として認知されており、学習以外の様々な場面での成功談が報告されています。ですからぜひ、この英語学習以外でもイメージトレーニングを活用することをお勧めします。具体的な方法は『七田式超右脳イメージトレーニング』（総合法令出版）を参考にしていただければ幸いです。

Part 2

驚異の効果！
『七田式超右脳英語ドリル』
で英語学習を実践してみよう

『七田式超右脳英語ドリル』の進め方

【なぜ昔ばなしか】

　本書は「桃太郎」や「かぐや姫」といった日本人にとってなじみ深い"昔ばなし"を題材にしています。
　先にも触れましたが、これには理由があります。
　1つは誰もが知っているストーリーですから、単語や文章の意味が分からなくても**推測しやすい**ということです。英語学習においてこの、"推測する"ということはとても重要です。分からない単語が出てくるたびにCDを止めて辞書やテキストで確認していては、学習速度が落ちてしまいます。ですから知らない単語が出てきても、前後の文章や話の展開から意味を推測するというトレーニングにはもってこいなのです。
　2つ目は暗唱がやりやすいということです。絵本で見たイメージなどを思い描きながら暗唱したり、小さな子どもにお話を聞かせてあげるようなイメージで暗唱してみてください。
　できれば、実際に英語のネイティブスピーカーに聞かせてあげると、英語の学習と文化交流が一度にできて、一挙両得

となるでしょう。

【難易度】

さらにこの昔ばなしにはある秘策があります。

この昔ばなしの英文は英語学習者のために工夫して作られています。

5つの昔ばなしは、「おむすびころりん」から「浦島太郎」へと進むにつれて、Flesch-Kincaid Grade Level というアメリカで開発された文書の難易度基準に基づき、徐々に内容が難しくなっています。この難易度は1から12までの段階があり、本書の物語のレベルは、下図のとおりです。

昔話	難易度
おむすびころりん	3.0
浦島太郎	4.5
桃太郎	6.0
鶴の恩返し	7.5
かぐや姫	9.0

参考までにアメリカ人のレベルでいうと、小学校3年から中学校3年のレベルです。

ですから学習の順序としては、この順番どおりに進めるようにしてください。いきなりハードルが高いとあきらめてしまいますが、徐々にハードルが高くなっていくとやる気もわいてきます。

さらに全体の5つの昔ばなしを通して、基本的な文法知識などがすべて盛り込まれていますので、この1冊だけで英語の基礎力はバッチリ身に付くというわけです。

【CDの収録内容】

CDにはノーマルスピード→2倍速→3倍速の順番で音声が収録されています。ノーマルスピードと倍速は、それぞれ独立したトラックに収録されているので、聞きたいスピードの部分だけを繰り返し聞くことができます。

また、テキストには該当するトラックナンバーと日本語訳が記載されています。

【学習のポイント】

暗唱する上で大切なことは、一度覚えた文章を何度も繰り返し「聞き」「読み」「音読」し、脳の深い部分の記憶に定着させることです。一度覚えたからといって、繰り返しを怠ると、2～3日もするとすっかり忘れてしまいます。

暗唱のポイントは、一度覚えたら一生忘れることのない記

憶、つまり右脳の記憶を開発することにあります。その点を忘れないように暗唱を進めてください。

【学習時間】

　暗唱の1日の取り組み時間は30分が目安です。それ以上長く学習しても集中力が持続せず、学習効果が低下します。
　30分の内訳は、リスニングとリピートに半分、そして音読に半分です。学習時間が30分以下の場合も同様にリスニングとリピートに半分、そして音読に半分を目安としてください。
　すでに暗唱文を覚えたという場合、CDやテキストを使って学習する必要がないので、気がついたときにはいつでも暗唱文を口ずさむ習慣をつけましょう。
　1つの目安として、5つの昔ばなしを1カ月に1話ずつ覚えて、6カ月後に誰かに暗唱を聞いてもらう（できればネイティブに）ようにしましょう。

【CDの聞き方】

　子どもの場合は、ただCDを流しているだけで記憶してしまいますが、大人の場合は、そうはいきません。聞き流しているだけでは、雑音と同じように扱われ、右から左へ通り過ぎていってしまいます。

もちろん、"英語耳をつくる"目的でBGM的に流すことは良いことですが、ただそれだけではすべてを正確に記憶することはできません。

　聞き方としてはまず、最初の段階はテキストを見ずに、ひたすら音に集中して聞き、ストーリーをイメージしながら、意味の理解に努めます。この段階で、Part 1で説明した"ディープリスニング"をすると良いでしょう。このときのポイントとして、ノーマルスピード→2倍速→3倍速の順番で聞いて、またノーマルに戻ってディープリスニングをすると、**驚くほど聞き取れていることが実感**していただけると思います。

　その次に、テキストを見ながら繰り返し、「聞き」「読み」「音読」することで、記憶はさらに強化されます。

【暗唱の進め方】

　5つの昔ばなしは掲載している順番に、徐々に難易度が上がっていきます。ですから最初は「おむすびころりん」から始めて、暗唱ができるようになってから次に進むようにしてください。

①内容の確認

　先に説明した方法でCDを聞き、ディープリスニングでさらに分からない単語と文章の解消に努めます。難易度の高い

単語や熟語については訳の下に掲載してありますので、そこで確認してください。日本語訳についてはできるだけ見ずに、最後に自分自身が英語の意味を、間違いなく理解しているかどうかのチェックに使うことをお勧めします。

　最初の段階で、英文を聞いてもどうしてもストーリーの理解ができない方や、イメージがつくれない方は、一度日本語訳を音読して、イメージをつくるようにしてください。ただ、**英文と日本語訳を対訳的に覚えないようにしてください。**あくまでもイメージを介して英語を理解できるように努めます。最終的にCDを聞いて内容をイメージできるようになればOKです。

②リスニング練習

　テキストの英文を目で追いながらCDを聞きます。最初はノーマル→倍速の順に同じ文章を続けて聞きます。次に倍速のトラックだけを4〜5回続けて聞きます。CDのスピードにあわせて英文をきちんと目で追えるように集中して取り組みましょう。余裕がある方は英文を聞くだけでなく、一緒に口ずさみながら聞きましょう。

③リピート練習

　CDのノーマルスピードのトラックを流しながら、CDのナレーションと一緒に英文を読む練習をします。最初はなかなか上手に読めないかもしれませんが、何回か繰り返している

うちに、ナレーションと合わせて読めるようになっていきます。

このときに重要なことは、**片耳を押さえて音読する**ことです。片耳を押さえながら読むことでナレーターの発音、イントネーション、アクセントに自分の発音を比較することができます。できるだけナレーターの発音に近づけるように、調整しながら音読練習をしましょう。

途中でひっかかることなしに、CDに合わせて音読できるようになるまで繰り返し練習しましょう。自分がネイティブスピーカーになった気持ちで、CDから聞こえた発音のとおり、流暢に再現していくことが上達の秘訣です。

④高速音読練習

最初から最後まで英文がスムーズに読めるようになったら、高速で音読する練習をします。最初は2倍速の音声にあわせてテキストを見みながら音読します。なれてきたら3倍速に挑戦です。このときはあまり発音にはとらわれず、"言っているつもり"になって、同じスピードで音読するようにします。

最初のうちは5分間を目安に音読してください。短い文章であれば30回以上繰り返し読むことができます。繰り返し読むうちにテキストの英文を見なくても文章が口をついて出るようになってきます。

音読するときは、"覚えよう"とせずにひたすらスピード

に意識を集中することです。頭で覚えるのではなく口に覚えさせることが大切です。意味を考える必要はありません。とにかくスピードに集中して音読を繰り返しましょう。

⑤繰り返しの原則

　ここまで進んだら、あとは②〜④までを何回か繰り返します。短い内容のものでしたら、1回の取り組みだけでテキストを見ずに"とりあえず暗唱"できるようになるでしょう。

　大切なことは"とりあえず暗唱"した内容を毎日繰り返し暗唱し、右脳の深い記憶に定着させていくことです。まったく思い出そうとしなくても、口をついてすべての文章がスラスラ出てくるレベルまで暗唱を繰り返してください。

　さあ、それではトレーニングを始めましょう！

1日30分！
高速・視・聴・読トレーニング

Lesson 1　"Rolling Rice Ball"
　　　　　　『おむすびころりん』

Lesson 2　"Urashima Taro"
　　　　　　『浦島太郎』

Lesson 3　"Momotaro"
　　　　　　『桃太郎』

Lesson 4　"Crane's Repayment"
　　　　　　『鶴の恩返し』

Lesson 5　"Princess Kaguya"
　　　　　　『かぐや姫』

Lesson 1

"Rolling Rice Ball"

Long, long ago, there lived a very poor old couple. The old man would go into the mountain to gather **firewood**. He would then sell it in town for a living. His wife would always make **yummy rice balls**. He would eat two big rice balls for lunch.

"Your rice balls taste so good. They give me energy to work hard," the old man said. He left for the mountain **as** happy **as ever**.

He found a good place to cut and gather wood. He took out his **hatchet**, and cut off some **twigs**. He **bundled** the twigs. He **grabbed as many as** he could carry. Finally, it was lunchtime.

---

firewood：たきぎ　yummy：非常においしい　rice ball：おにぎり　as …as ever：あいかわらず…　hatchet：なた　twig：小えだ　bundle：束にする　grab：ひっつかむ　as many as …：…と同数の

『おむすびころりん』

　むかし、むかし、あるところに、とてもまずしいおじいさんとおばあさんが住んでいました。
　おじいさんは、山でしばをかり、それを町で売ってくらしていました。
　山へ出かけるときには、いつもおばあさんがおいしいおむすびをつくってくれます。
　大きなおにぎりを二個、お昼に食べるのです。
「おばあさんのつくってくれるおむすびは本当においしいよ。だから、仕事もがんばれる」
と、おじいさんは、今日も山に元気に出かけていきました。
　山に着いたおじいさんは、ちょうどよい場所を見つけてなたを出して小えだを切りました。小えだを束にして、自分で持てるだけのたきぎを集めました。
　さあ、やっとお昼ごはんです。

"Oh, I'm hungry. I'm ready to eat the yummy rice balls." When he took out one of the rice balls, it slipped out of his hand. Then, it kept rolling down the hill.

The old man **chased** it **frantically**. "Hey, wait for me!" he shouted.

But the rice ball rolled down to the **bottom** of the hill, and fell into a hole.

"Oh, no! What should I do?" he said, and looked inside the hole. Then he heard some **cheerful** singing voices.

> "A yummy rice ball came rolling down
> through our little hole in the ground.
> I guess it was lost, but now it's found.
> Let's make **dumplings—pound**, pound, pound!"

After a while, the singing stopped. The old man loved songs, and was very **curious**. He dropped the other rice ball into the hole. Again, he heard the cheerful song with **tiny**, **squeaky** voices.

---

chase：追いかける　frantically：大急ぎで　bottom：下部
cheerful：楽しい　dumpling：だんご　pound：ぺったんつく
curious：好奇心が強い　tiny：ごく小さい　squeaky：チューチューいう

「ああ、おなかがすいた。おばあさんのつくってくれたおいしいおにぎりを食べよう」
と、おむすびを取り出すと、そのおむすびはおじいさんの手からすべり落ちてしまいました。そしてころころところがっていったのです。
　おじいさんは大あわてで追いかけました。
「おーい、待ってくれ！」
　しかし、おむすびは、坂の下まで、ころがっていって、そこにあった穴の中にストンと落ちてしまいました。
「これは、こまった。どうしよう」
おじいさんは穴の中をうらめしそうにのぞき込みました。
　すると、穴の中から、何やら楽しそうな歌声が聞こえてくるではありませんか。
「おむすびころりん
　落ちてきた。
　おいしいおむすび落ちてきた。
　みんなでおだんごつくろうよ。
　ぺったん、ぺったん、
　ぺったん、たん。
　おいしいだんごのできあがり」
　しばらくすると、歌が聞こえなくなりました。
　歌が大好きで好奇心も強いおじいさんは、残ったもう一個のおむすびも穴の中にポトンと落としました。
　すると、また、かわいい声で楽しい歌が聞こえてきたのです。

"A yummy rice ball came rolling down
through our little hole in the ground.
I guess it was lost, but now it's found.
Let's make dumplings—pound, pound, pound!"

The old man himself started dancing along. Then, he slipped and fell into the hole. He was surprised when he looked around. It was a **palace** where mice lived.

"I'm sorry, everyone. This is your palace. I was dancing to your song, and fell inside."

Then the king of the mice appeared. He said, "Thank you for sharing your rice balls. Thanks to you, we made many yummy dumplings. Now, let's eat them together."

The king invited the old man inside the palace. There were dumplings to eat. There was singing. There was dancing. It was a very happy party.

---

palace：御殿

「おむすびころりん
　落ちてきた。
　おいしいおむすび落ちてきた。
　みんなでおだんごつくろうよ。
　ぺったん、ぺったん、
　ぺったん、たん。
　おいしいだんごのできあがり」
　おじいさんは自分もその歌声に合わせて踊り始めてしまいました。
　そのときです。
　スットーン。足をすべらせ穴の中へ落ちてしまったのです。
　穴の底を見てびっくりです。
　そこはなんとねずみの御殿だったのです。
「ねずみさんたちごめんなさい。
　ここはねずみさんたちの御殿なんだね。
　あなたたちの歌に合わせて踊っていたら穴の中に落っこちてしまったんだよ」
　すると、殿様のねずみが出てきました。
「おむすびをわけてくださってありがとうございました。
　おかげさまで、おいしいだんごがたくさんできました。
　さあ、いっしょに食べましょう」
と、おじいさんを御殿の奥に案内しました。
　そして、かわいいだんごとたくさんのごちそう、それにねずみさんたちの歌と踊りで大にぎわいとなりました。

The old man became full. He said, "The singing and dancing was wonderful, but now I must go. My wife is waiting for me at home. Thank you for the meal."

Then, the king of the mice said, "Thank *you* for the meal. I will give you some gifts." The king gave him so much food and **valuable** gifts that he could **barely** carry them all.

The old man went home and told his wife the story about the kind mice. Together they ate the food he had received from the mice.

A **greedy** old man lived next door. He heard the story of the mice and said, "Take me to the mice hole."

The **good-natured** old man showed the greedy neighbor to the mice hole. The greedy old man threw a rice ball into the hole. He then jumped inside right away. Again, the king of mice appeared.

---

valuable：高価な　barely：かろうじて　greedy：欲ばりな　good-natured：親切な

おなかもいっぱいになったおじいさんは、
「ねずみさんごちそうさまでした。
　歌や踊りも最高でした。
　家でおばあさんが待っているので、帰らなくてはなりません」
　すると、殿様ねずみが、
「こちらこそごちそうさまでした。
　お礼におみやげをさしあげましょう」
と、持ちきれないほどのごちそうと貴重な品々をくれました。
　おじいさんは、家に帰っておばあさんに、やさしいねずみさんたちの話をしながらおみやげのごちそうをいっしょに食べました。
　この話を聞いた隣のおじいさんは、とても欲ばりな人でした。
「そのねずみの穴にわしを連れていけ」
と、言いました。
　人のいいおじいさんは、欲ばりな隣のおじいさんをねずみの穴まで案内しました。
　欲ばりじいさんはおむすび一個を穴の中へ投げ入れてから、すぐに穴の中へ飛び込んでいきました。
　するとやっぱり、ねずみの殿様が出てきました。

"Hey, you mice… In return for the rice ball, **feed** me a good meal. Then, bring me many gifts," he said **loudly**. The king of mice gave a signal to everyone to bring some bad-tasting dumplings. The greedy old man became sick to his **stomach** after eating them. "Hey, that's enough food. Now give me some gifts," he said.

"Okay, here you go." They gave him a very heavy box as a gift.

As soon as the greedy old man came home, he opened the box. Inside the heavy box was a ghost mouse. It **popped** out of the box and made a **scary**, scary face. The greedy man became very **scared** and ran away.

---

feed：(食物を) 与える　loudly：大声で　stomach：胃　pop：ひょいと出る　scary：怖い　scared：おびえて

「おい、ねずみたち。おむすびのお礼に、わしにもおいしいごちそうを食べさせろ。

　そして、いっぱいおみやげを持たせろ」
と、大声で言いました。

　ねずみの殿様は、みんなに合図して、とてもまずいおだんごを出させました。

　それを食べた欲ばりじいさんはおなかの調子が変になってしまいました。

「おい、もう、ごちそうはいい。早くおみやげをくれ」
と、言いました。

「では、これをどうぞ」
と、とっても重い箱をおみやげにあげました。

　さっそく家に帰った欲ばりじいさんは、すぐに箱をあけました。

　ところが、重い箱の中はお化けのねずみだったのです。

　箱からお化けねずみが飛び出してきて、怖い怖い顔をするのです。欲ばりじいさんは、おびえてしまいそして逃げていってしまいました。

Lesson 2

"Urashima Taro"

Long, long ago, there was a young man named Urashima Taro. He lived in a house by a beach with his parents. Taro was a fisherman. One day, he was on his way home after catching many fish. As he was walking along the beach, he **noticed** several children being **noisy**. Then he **realized** that they were being **mean to** a **turtle**. They were **poking** it with sticks and hitting it with stones. Taro **hollered** at them, "Stop it! Stop it! You shouldn't **treat** a turtle like that!" But the children would not stop.

---

notice：気づく　noisy：騒がしい　realize：よく分かる　mean to …：…に残酷な　turtle：ウミガメ　poke：つつく　holler：叫ぶ　treat：扱う

『浦島太郎』

　むかし、むかし、あるところに、浦島太郎という若者がいました。
　海辺近くの家におとうさんとおかあさんと三人で暮らしていました。
　太郎は漁師でした。その日もたくさんの魚を釣って帰るところでした。
　浜辺を歩いていると、何人かの子供たちが集まって騒いでいます。
　棒や石ころで亀をいじめているのでした。
　それを見た太郎は、
「やめなさい。やめなさい。亀をいじめてはいけないよ」と言いました。
　しかし、子供たちは、止めようともしません。

Finally, Taro said, "Give me the turtle!" He threw some money to **distract** the children. He said, "Take the money and go away!"

Taro **picked** the turtle **up**. He stroked its body **gently**. Then, he let it go into the sea. "Don't ever get caught by those bad kids again," he said.

When he got home, Taro told his parents what had happened. "You did such a nice thing," they said. They were very pleased with their son.

Days passed. Taro was fishing on the shore one day. Suddenly, a turtle raised its head above the waves. The turtle shouted, "Taro! Taro! Do you remember me?"

"Oh, hi there! You are the turtle that I met a few days ago. I'm glad you are doing better."

"Thank you so much. It is all thanks to you, Taro. Today, I came to invite you to the **Dragon Palace**. I told **Princess Oto** that you saved me. She wanted to thank you." There was a **legend** of a palace on the bottom of the sea. It was called "Dragon Palace." It was like a **dreamland**.

---

distract：気をそらす　pick up：拾い上げる　gently：やさしく　Dragon Palace：竜宮城　Princess Oto：おと姫　legend：言い伝え　dreamland：夢の国

しかたなく太郎は、「その亀は私がもらいます。はい、これがその代金だよ」とお金を渡して、亀を引き取りました。
　亀を渡してもらった太郎は、やさしく亀の体をなでて、そして海の中に逃がしてやりました。
「もう二度と、悪い子供たちに捕まるんじゃないよ。元気でね」と言いました。
　家に帰った太郎は、その日のことをおとうさんとおかあさんに話しました。
「それは、よいことをしたね」と二人も喜んでくれました。
　そうして月日が過ぎたある日のことです。
　岩場で魚を釣っていた太郎の目の前に、亀が現れました。
「太郎さん、太郎さん。私のことを覚えていらっしゃいますか」と言うではありませんか。
「ああ、あの時の亀さんか。元気になってよかったね」
「ありがとうございます。すべて太郎さんのおかげです。
　今日は竜宮城にお招きにまいりました。
　太郎さんに助けていただいたことを、おと姫様に話しましたら、それは一度お礼を申しあげねばとのことなのです」
　竜宮城と言えば、海の底にあるという、夢のような所だと昔から言われていました。

Taro became very curious. He did not think about asking his parents. He **replied**, "Sure, I'd love to visit the Dragon Palace." He got up on the turtle's back, and off they went. They passed a wood of **seaweed**. They went through a **tunnel** of rocks. They moved fast going deeper and deeper into the sea.

Suddenly, the bright and beautiful Dragon Palace appeared before his eyes. Taro saw the very beautiful Princess Oto wave from the gate of the palace. "Taro, thank you so much for saving my **precious** turtle," she said. She then took his hand and led him inside.

---

reply：…と答える　seaweed：海そう　tunnel：トンネル　precious：大切な

太郎は、とても興味が湧いて、
「ぜひ、行ってみたい」と両親に相談することもなしに、亀の背中の上に乗りました。
　太郎と亀は、竜宮城に向かいました。
　昆布の林を抜け、岩のトンネルをくぐり、ぐんぐんと海の奥深くに進んでいきました。
　すると、突然、パッと明るい美しい竜宮城が目の前に現れました。
　その竜宮城の玄関のところにそれはそれは美しいおと姫様がお迎えをしてくれました。
「太郎さん、私の大事な亀を助けてくれてありがとうございました」
　そういって、太郎の手を取り、中に案内してくださったのです。

Inside the Dragon Palace was so beautiful. Taro had never seen anything like it before. It really was like living in a dream. When he seated himself, they served him a delicious **feast**. He had one delicious meal after another. There was also wonderful music. Green, yellow and blue fish **performed delightful** dances. And then, **to top it all**, Princess Oto herself danced. She danced so **gracefully** that it put Taro into a **daze**. All he could do was watch with **dreamy** eyes.

Taro **continued** to spend every day like this. Three years passed. One day, he thought about his parents. Once he started thinking about them, he could think of nothing else. He lost interest in other things. Princess Oto saw his **lonely** face. She kindly asked him, "Is there anything wrong?"

Taro **honestly** said, "I'm worried about my parents. Please let me go home."

---

feast：大ごちそう　perform：（芸を）する　delightful：楽しい　to top it all：なおその上に　gracefully：優美に　daze：ぼうっとすること　dreamy：夢を見る　continue　つづける　lonely：さびしそうな　honestly：正直に

竜宮城の中は、それまで見たこともないような美しさでした。まるで、夢の中に住んでいるようです。

　座っているとごちそうが出されました。次々とおいしい料理が並べられました。

　そして素敵な音楽が演奏されて、緑や黄色そして青色の魚たちが楽しい踊りを見せてくれました。

　そして、そのうえなんとおと姫様まで踊ってくれたのです。その踊りはとても優雅で太郎はうっとりとしてしまいました。ただ夢見ごこちで見ているのでした。

　こうした毎日を太郎は送りつづけていましたが、三年たったある日のことです。自分のおとうさんとおかあさんのことを思い出してしまいました。

　そうなるともう気になってしまって、他のことに興味がわかなくなってきました。

　さびしそうな顔をしている太郎を見たおと姫様は、「どうなされたのですか」とやさしくたずねました。

　太郎は、正直に、
「おとうさんとおかあさんのことが心配でたまりません。うちに帰らせてください」と言ったのです。

Princess Oto looked a little sad. She said, "I understand. I will **have** the turtle take you back home." She gave Taro a box and said, "This is a **mysterious** box called a Tamate Box. If you would like to come back to Dragon Palace again, do not open this box."

"Okay." Taro held the Tamate Box carefully in his arms. He **got up onto** the turtle's back and **waved**. "Good bye!" he said, and rode the turtle back to the beach by his house.

The turtle said, "Taro, if you would like to come back to the Dragon Palace, please call me here. I will come right away." Then the turtle went back into the sea.

When he was **heading** from the beach to his house, Taro was surprised. His house was gone! There was only tall grass! He stopped an old man passing by and asked, "What happened to Urashima Taro's house?"

The old man said, "What? I **heard about** a young man named Urashima Taro. He **disappeared** into the sea a long, long time ago. **Let me see**… it was about 300 years ago."

---

have O V：O に V させる　mysterious：不思議な　get up onto …：…に乗る　wave：手を振る　head：向かう　hear about …：…について詳しく聞く　disappear：消える　Let me see：ええと

少し悲しそうな顔をされたおと姫様でしたが、
「わかりました。では亀に送らせましょう」と言い、それから一つの箱を持って来られました。
「これは玉手箱という不思議な箱です。もし、あなたがもう一度、この竜宮城に戻ってきたいと思ったら、この箱を開けてはいけませんよ」と言われました。
「はい、わかりました」と太郎は玉手箱を大事に抱え、亀の背中に乗りました。
「さようなら、さようなら」と手をふり、太郎は亀の背中に乗って自分の家のあった近くの海辺まで帰りました。
　亀は、「太郎さん、竜宮城に戻りたくなったら、ここで私を呼んでくださいね。すぐやってきますから」と言い、海の中に戻って行きました。
　海辺から自分の家に向かった太郎はびっくりしました。自分の家がないのです。家のあったところは草がぼうぼうに茂っているではありませんか。
　近くを歩いている老人に声をかけて、たずねました。
「浦島太郎の家はどうなったのですか」
　老人は言いました。
「えっ。ずいぶんと昔、そうじゃなぁ、もう三百年も昔に浦島太郎さんという若者が海に消えたという言い伝えがあるがなぁ」

Very **confused**, Taro went back to the beach. He thought about it long and hard. Finally, he decided to open the Tamate Box. A white smoke came out of the box. Taro, **in no time at all**, turned into an old man. **This is because** three years in the Dragon Palace was the same as 300 years on the shore. Taro then turned into a white **crane**, and flew high into the sky.

---

confused：困惑した　in no time at all：あっという間に　This is because：なぜなら　crane：鶴

驚異の効果！
『七田式超右脳英語ドリル』
で英語学習を実践してみよう

part 2

　何が何だかわからなくなった太郎は、海辺に戻って抱えていた玉手箱を開けてしまいました。
　すると箱の中から白い煙が出て、太郎はあっという間に老人の姿になってしまいました。
　竜宮城の三年は、地上の三百年にあたるのでした。
　そして太郎は、そのまま白い鶴となって空の上に飛んでいきました。

Lesson ②

Lesson 3

"Momotaro"

Long, long ago, there lived an old couple. Although they had no children, they were living happily. The old man gathered firewood in the mountain. He would go to town, and sell it to make money. The old woman was busy **plowing** the field and doing **laundry**. One day, the old woman went to a river **as usual** to do laundry. As she looked **upstream**, she saw a big peach **floating** down the river.

"What a big peach! I've never seen such a big peach! I should take it home and share it with my husband."

When the old woman was preparing dinner, the old man came home from the mountain with a lot of firewood.

---

plow：すきで耕す　laundry：洗たく　as usual：いつもどおり
upstream：上流ほうへ　float：ただよう

『桃太郎』

　むかし、むかし、あるところにおじいさんとおばあさんが住んでいました。
　二人には子供がいなかったものの、仲よく暮らしていました。
　おじいさんは、山でたきぎをとってきて、それを売って生活していました。
　おばあさんは、畑をたがやしたり、洗たくをしたりして忙しくしていました。
　ある日、おばあさんは、いつものように川へ洗たくをしに行きました。
　その時です。川の上の方から、大きな桃がどんぶらこ、どんぶらこ流れてきました。
「まあ、何と大きい桃でしょう。こんな大きな桃は見たことない。持って帰っておじいさんといっしょにいただくことにしましょう」と、大きな桃を抱えて家に帰りました。
　おばあさんが夕ごはんの用意をしているとおじいさんが山からたきぎをたくさん持って帰ってきました。

"Look at this **delicious-looking** peach," the old woman said, **excited**.

"Oh, **my**! I've never seen a peach like this. Let's eat it!" the old man said, also quite excited.

The old woman lifted up the peach with a **grunt**. She tried to cut it with a knife. Then, the peach **split** in half. A baby boy came out of the peach with a **healthy** cry. The old couple was surprised because they had been **longing to** have a child.

"This child must be a gift to us from God for living honest lives," they said to each other, and they were very happy. The old couple named him "Momotaro (Peach Boy)." Momotaro grew quickly, and became a clever young **lad**. He was strong, and helped the old man a lot.

---

delicious-looking：おいしそうな　excited：興奮した　my：まあ　grunt：ぶつぶつ言うこと（よっこらしょ）　split：割れる　healthy：健康そうな　long to do：～することを熱望する　lad：若者

「おじいさん、おじいさん、見てくださいよ、このおいしそうな桃を」と、おばあさんは興奮したようすで言いました。

「なんと、まあ、こんなに大きな桃、見たことない。ばあさんや、早く食べてみよう」と、やはり、興奮して言いました。

おばあさんは、大きな桃を「よっこらしょ」とまな板の上にのせて、包丁(ほうちょう)で切ろうとしました。

すると、桃はパックリとまっぷたつに割れました。

「オギャー！オギャー！」

桃の中から元気な泣き声をあげる男の子が出てきたのです。

おじいさんとおばあさんはびっくりぎょうてんしました。二人は、ずっと子供が欲しかったのです。

「これは、神様が、まじめに暮らしている私たちにさずけてくださった子にちがいない」と言い合って、大喜びしました。

おじいさんとおばあさんは、この子に「桃太郎」という名前をつけて大事に育てました。

桃太郎は、すくすく育ち、おじいさんの手伝いもする、賢くてたくましい少年になりました。

One day, a merchant came from the capital to the village. According to his story, **ogres** from Ogres' Island were **raiding** the capital as well as the villages everywhere, **causing** a lot of trouble. When Momotaro heard the story, he could not **sit back** and allow the bad ogres to continue doing what they were doing.

"**Grandpa, grandma**, I will go **chase** the bad ogres **away**. I **have a favor to ask** you, grandma. Please make me some of those **millet dumplings** that will give me energy. Your millet dumplings are the best in Japan. Eating one will give me a power **equal to** 10 people, and eating two, a power equal to 100 people!" The old woman made many millet dumplings. Momotaro hung them from his belt. He carried a flag that said "Number One in Japan," and **set off** to chase the ogres away.

---

ogre：鬼　raid：襲う　cause：もたらす　sit back：ぼうかんする　grandpa：おじいさん　grandma：おばあさん　chase away：追い払う　have a favor to ask：願いごとがある　millet dumpling：きびだんご　equal to …：…に匹敵する：set off：出発する

ある日、都から村にやってきた商人の話によると、都をはじめ、あちこちの村が鬼ガ島からやってくる鬼たちに荒されて大変な目に合っているというのです。
　話を聞いた桃太郎は、悪い鬼たちのことが許せなくなりました。
「おじいさん、おばあさん、ぼくが鬼を退治してきます。おばあさんにお願いがあります。力のつく、あのきびだんごをたくさんつくってください。おばあさんのきびだんごは、一つ食べると十人力、二つ食べると百人力となる日本一のきびだんごですからね」
　こうして、たくさんのきびだんごをつくってもらい、それを腰に下げて、桃太郎は、「日本一」と書かれた旗を持って鬼を退治しに出かけました。

When he was walking toward Ogre's Island, a dog came by. "Momotaro… Momotaro…. Please give me one of those millet dumplings hanging from your belt."

"Sure, I will give you one," Momotaro said, giving one to the dog.

The dog ate it, and said, "Very good, very good. I feel like I have more energy, too. Please make me your servant."

When Momotaro and the dog were walking, a monkey came by. "Momotaro, would you give me a millet dumpling, too, and make me your servant?" the monkey asked. So, the monkey became his **servant**.

When Momotaro was walking along with the dog and the monkey, this time, a pheasant flew by. "Please give me one of your best-in-Japan millet dumplings," the **pheasant** said.

"Sure, here you are." Momotaro **generously** gave the pheasant a millet dumpling.

"I've never had such a delicious millet dumpling like this before," the pheasant said, also becoming his servant.

---

servant：家来　pheasant：きじ　generously：気前よく

桃太郎が鬼ガ島に向かって歩いていると、犬がやってきました。
「桃太郎さん、桃太郎さん。お腰につけたきびだんご、一つ私にくださいな」
「いいよ、一つあげよう」と、言って犬にあげました。それを食べた犬は、「おいしい。おいしい。なんだか元気も出てきた。私をあなたの家来にしてください」と、頼みました。
　桃太郎と犬が歩いていると、猿がやってきました。
「桃太郎さん。私にもきびだんごくださいませんか。そして家来にしてくださいよ」と、申し出ました。
　こうして猿も家来になりました。
　桃太郎が犬と猿をつれて歩きつづけていると、今度はきじが飛んできました。
「私にもその日本一のおいしいきびだんごをくださいな」と、言いました。
「いいよ、あげよう」と気前よく桃太郎はきじにきびだんごを一つあげました。
「こんなにおいしいきびだんご食べたことがない」
と、言い、きじも桃太郎の家来となりました。

Momotaro's party walked to the beach, and from there, they got on a boat and headed to Ogres' Island. When the boat reached the island, the pheasant first flew over the gate of the **castle** to check the inside where the ogres lived. Then, with the help of the monkey, the pheasant unlocked the gate, and let Momotaro inside.

Momotaro and his friends **roared** towards the ogres. The boss ogre said to the other ogres, "Oh, they are just a child, a dog, a monkey and a pheasant. Catch and eat them!" But after eating millet dumplings on the boat, Momotaro and his friends were full of energy. The dog **bit** the ogres, the monkey **scratched** them, and the pheasant **pecked** them with its **beak**. Finally, Momotaro threw the boss ogre to the ground with a **victorious yell**.

---

castle：城　roar：大声を上げる　bit：bite（かむ）の過去形　scratch：ひっかく　peck：つつく　beak：くちばし　victorious：勝利の　yell：叫び

桃太郎たちは、海辺まで歩き、そこから鬼たちのいる鬼ガ島に船に乗って向かいました。

　船が島に着くと、まず、きじが鬼の住む城の門の向こうに飛んでいって様子をうかがいました。そして、猿と連絡を取り合って門のカギをあけ、桃太郎を招きいれたのです。

　桃太郎たちは、ワァーと言って鬼たちに挑んでいきました。

　鬼の大将は、「なんだ、子供と犬と猿ときじだけじゃないか。捕まえて食べてしまえ！」と、家来たちに命じました。

　しかし、船の中できびだんごを食べたみんなは元気いっぱいです。

　犬は鬼たちにガブリとかみつきます。猿は鬼たちをひっかき、きじは口ばしでつっつきます。

　そして最後に桃太郎が鬼の大将を「えーい、やあ」と投げ飛ばしました。

"**Ouch**! I give up. I will not do any more bad things, so please **forgive** me," the boss ogre said, **kneeled** on the ground and **apologized**. Then, he handed in many things that he had stolen from the capital and the villages. Momotaro and his friends put all these things on board, and took them back home.

Then, from the beach to the capital and the villages, they carried them around on a **cart**. The people in the capital and the villages thanked Momotaro for bringing their precious things back, and **hailed**, "Japan's best, Momotaro! Japan's best, Momotaro!"

---

ouch：痛い　forgive：許す　kneel：ひざまづく　apologize：謝る　cart：荷車　hail：歓呼して迎える

鬼の大将は、
「痛い！　こうさんです。もう悪いことしませんから、お許しください」
と、手をついてあやまりました。
　そして、都や村から盗んできたたくさんの品物をさしだしました。
　桃太郎たちは、このたくさんの品物を船に積み、持ち帰りました。
　そして海辺から都と村に、これらの品物を荷車に乗せて運びました。
　都や村の人たちは、自分たちの大事な物を取り返してきてくれた桃太郎に、
「日本一の桃太郎、日本一の桃太郎」
と、声をかけて感謝したのです。

Lesson 4

"Crane's Repayment"

A long, long time ago, a poor young man lived alone in a mountain village. During the winter, when the mountain was covered deep in snow, the young man would still work **extremely** hard cutting trees in order to earn a **meager** profit.

One winter day, the young man finished work and started walking back home.

He was suddenly **interrupted** by the **flapping** of wings, as a crane fell from the sky and **landed up** ahead in his path. He **hastened** his pace, and, after reaching the fallen crane, took it up in his arms, **saddened** to see an **arrow stuck** in the base of the crane's wing **causing** it **to bleed**. The crane was most certainly in a great deal of pain.

---

extremely：とても　meager：わずかな　interrupt：じゃまをする　flapping：バタバタすること　land up：着く　hasten：早める　saddened：悲しむ　arrow：矢　stuck：ささった　cause O to do：O に～させる：bleed：血を流す

『鶴の恩返し』

　むかし、むかし、ある山の中の村に、一人の貧しい若者が住んでいました。
　若者は、とても働き者で、冬の間も雪深い山に入って、わずかでも収入を得ようと木を切る仕事に励んでいます。
　そんな冬のある日、若者が仕事を終えて家に帰ろうと歩き始めた時です。
　突然、一羽の鶴が羽をばたつかせて道の向こうに落ちてきました。
　若者は走ってかけ寄り、抱きあげました。かわいそうに鶴の羽のつけ根のところに一本の矢がつき刺さっているではありませんか。血も流れていて、鶴はとても苦しそうです。

"Who did such an **appalling** thing?" the young man said, carefully pulling out the arrow stuck in the wing. Then he treated the wound and said, "You will be all right now, so go home and be safe." He **released** the crane setting it free, and the crane, flapping its wings **unsteadily** at first, gained strength gradually, and finally **soared** high into the sky.

Several days later, on a **dreadfully** snowy night, someone knocked on the door of the young man's house. When the young man opened the door, his eyes fell upon a beautiful young woman who said, "I am lost and have nowhere to go. Won't you please let me stay for the night?"

The young man answered kindly, "Well, it is such a bitter cold night, and I wouldn't think of **turning** you **away** even on a nice day. So, yes, of course, by all means, stay. Although this is a small **shack**, you are more than welcome to stay the night." Then, he brought the girl over by the fire, and served her a **humble**, homemade meal consisting of simple **ingredients** that he found in his cupboards.

---

appalling：ひどい　release：放つ　unsteadily：不安定に　soar：舞い上がる　dreadfully：ひどく　turn away：断る　shack：小屋　humble：質素な　ingredient：食材

「だれがこんなひどいことをしたんだ」と若者は言いながら、羽に刺さった矢を慎重に抜き取りました。そして傷の手当てをしてあげ、
「これで大丈夫だよ。気をつけて帰りなさい」と鶴を空に逃がしてあげました。
　鶴は始めフラフラと飛んでいましたが、だんだん力強く空高く飛んで行きました。
　何日か過ぎた雪のたくさん降る夜のことです。
　若者の家の戸を「トン、トン」とたたく者がありました。
　若者が戸を開けると、若くて美しい娘が立っていました。そして
「道に迷ってしまいました。どうか一晩泊めてください」と頼みました。
　若者は、
「こんな寒い夜に、かわいそうに。雪が降っていなくても帰らないほうがいいくらいですよ。小さなボロ家だけど、どうぞ泊まっていきなさい」と親切に答えました。
　そして、娘を火のそばに案内し、自分のつくった、そまつなごはんをよそってきて分けてあげたのです。

It snowed the next day, and the next, and it did not show signs of **letting up**, so the young man **reassured** the young woman. "Don't worry," he said, "You can stay as long as you want although it is true that I don't have many good things to eat."

The snow continued making it impossible to travel, and as the days went on in this small little house, the young man started to like this **stunning** and talented woman. He soon discovered that she was not only beautiful and talented, but also a very hard worker and skilled in **household duties** such as cooking and **sewing**.

Then, it stopped snowing, and the young man looked at her knowing what the change in weather might mean. **However**, the girl made a welcomed **request** saying, "I really would like to stay in this house if that's okay with you."

The young man was so **relieved**, and he quite happily said to the woman, "Of course you can stay. Now I do not need to ask that you stay, for I would certainly miss you if you were to leave."

---

let up：やむ　reassure：安心させる　stunning：美しい
household duties：家事　sewing：針仕事　however：しかし
request：頼むこと　relieved：ほっとした

驚異の効果！
『七田式超右脳英語ドリル』
で英語学習を実践してみよう

part 2

　雪は次の日も、また次の日も降りつづき、やむ気配がありません。
　若者は娘に、
「遠慮はしなくていいんだよ。食べるものはこんなものしかないけれど、ずっと泊まっていっていいんだよ」と言いました。降りつづく雪は娘の旅を困難にさせ、彼女の滞在はつづきました。若者は、この魅力的で美しい娘のことを好きになり始めていました。しかも、娘は働き者で、料理も縫い物もとても上手でした。
　やっと雪がやんだ時、若者は娘が天候が落ちついたことで彼女が出ていくことを心配しました。
　しかし、うれしいことに、娘は若者に、
「どうか、私をこの家にいさせてください」と言ってくれたのです。
「もちろん。こちらからもお願いするよ。もし君がいなくなったら淋(さび)しくなってしまう」と、若者は心からほっとして、幸せそうに言いました。

Lesson ④

The hard-working girl asked the young man to build a **shed** where she could **weave**, for she loved to make beautiful cloths. She then **mysteriously** said to the man, "I can't weave well when I'm being watched, so please, never look inside the shed until I finish weaving." She then went inside the shed and began her work. Later, after a few hours of **suspense**, the woman **emerged** from the room with an **exquisite**, **shiny** white cloth that was so beautiful the young man could **hardly** speak.

When he finally was able to speak, he said, "I have never seen such a beautiful cloth. I'm sure this would sell for a very high price." The young man held the cloth carefully, and then headed off to town to see what profit could be made.

---

shed：小屋　weave：織る　mysteriously：不思議なことに　suspense：間　emerge：現れる　exquisite：この上なくすぐれた　shiny：輝く　hardly：ほとんど…ない

働き者の娘は若者に頼んで、よい布を織るための小さなはた織小屋をつくってもらいました。
「私は見られると、うまく布が織れなくなります。どうか、決して布が織りあがるまでは、小屋の中をのぞかないでください」と娘は謎めいたことを言いつつ、小屋に入っていきました。
数時間たった後に、娘はつやつやと輝くとてもすばらしい白い布を持って小屋から出てきました。
あまりのすばらしさに若者は声も出ませんでした。
「こんな美しい布は見たこともない。きっと高い値で売れるよ」とやっとのことで口を開きました。
若者は、娘の織った布を大事に抱え、町に売りに出かけました。

When he showed a **specialty** merchant the cloth the girl had woven, the merchant's eyes widened in surprise and **appreciation** for the unique quality and beauty of the cloth. He finally said, "This is an **amazing** piece of cloth! I have never seen anything like it! The quality is **superb**." **Enraptured** by the beauty of the pure, white cloth, the merchant happily paid a high price.

With the money from the sale, the young man bought not only some **yarn** for **materials**, but also a gift and some good things for her to eat, and went back home.

When the girl saw the young man's happy face, she told him, "Then, I will weave again, but…" she **hesitated** slightly, and then continued once again giving the young man another **warning**, "I will weave, but please don't look inside."

Again, she wove a beautiful cloth that was even better than the one before. The **feudal lord**, who heard a **rumor** about the first cloth, bought it for such a high price from the merchant that the merchant also made a **huge** profit.

---

specialty：専門　appreciation：真価を認めること　amazing：驚くべき　superb：極上の　enraptured：うっとりする　yarn：織物用糸　material：織物　hesitate：ためらう　warning 警告　feudal lord：殿様　rumor：うわさ　huge：巨額の

娘の織った美しい布を専門の商人に見せると、商人もこれまで見たことのない品質と美しさの布にびっくりして目を大きく見張ったままになり、そして
「これはすばらしい品だ。私がこれまで扱ったどの商品よりも上等だ」と言って、まっ白で美しい布にうっとりしながら、よい値段で買ってくれました。
　そのお金で、若者は材料の糸の他に、娘のためにおみやげやごちそうを買って帰りました。
　若者の喜んだ顔を見た娘は、
「では、また布を織りますね。でも……」と少し言葉につまりました。そして、つづけてまた若者にお願いしたのです。
「私は布を織りますから、のぞかないでください」と。
　こうして、さらに、前回以上の美しい布ができ上がりました。
　そして、前の布の評判を聞きつけた殿様が、この布を高く買ってくれることになりました。
　商人も大儲けでした。

The merchant returned to the young man and said, "Please make more of that fine cloth, and I will pay you even more money than I did before."

The young man began to earn a lot of money, and was fast becoming rich. However, the girl was getting thinner and thinner every day. The young man became worried, and said, "Are you alright? Why don't you take a break for a while?"

But the girl answered with a weak voice, "We promised to sell cloths, didn't we? I will do my best, and don't worry—I will be all right."

The girl **staggered** into the shed, but the weaving sound was different from before—weaker and fading in and out, stopping altogether, and then starting up again.

The young man, becoming very worried, could not stand it any longer, so he finally opened the door of the shed a very little and **peeked** inside. He was so surprised that his voice did not come out. The girl was nowhere to be seen! Instead, he saw one **scrawny** crane weaving a shiny cloth from the feathers it pulled from its own wings. After staring in **disbelief**, he finally **uttered**, "A crane…"

---

stagger：よろめく　peek：のぞく　scrawny：やせこけた　disbelief：信じられないこと　utter：口に出す

戻ってきた商人は、「次は、もっとたくさん支払うから、もっと布を織ってくれ」と若者に依頼しました。
　お金をたくさん手に入れた若者はどんどん裕福になっていきました。
　しかし、娘は、日に日に体がやせていくのでした。
　若者は、心配になり、
「大丈夫かい。しばらく休もうよ」と言いました。
　しかし、娘は、
「布を売る約束をしたんでしょう。私はがんばります。心配しないで、大丈夫だから」と元気のない声で答えました。
　フラつく体で小屋に入った娘ですが、はた織りの音が、これまでと違ってとても弱々しく、そしてとぎれとぎれになっています。
　とても心配になった若者は、いても立ってもいられなくなり、ついに小屋の戸を少し開けて中をのぞき込んでしまいました。
　若者は驚きのあまり声が出ませんでした。
　そこには娘の姿は見えません。
　一羽のやせた鶴が、白い羽を抜きながら、布を織っているではありませんか。
　信じられない光景を見てしまった後に、
「鶴が……」と、若者は声を出してしまいました。

Then, the crane turned around, and upon seeing the young man, turned back into the girl and said, "I'm the crane that you saved before. I came because I wanted to do something **in return for** your kindness, but now that you saw me as my true self, as the crane, I must say good-bye."

"Please, please stay here forever!" the young man shouted.

But the girl just shook her head with tears in her eyes, turned into the crane again, and flew high up into the sky. The young man **desperately** ran after it, but it was **futile**. The crane flew over the mountain, and disappeared into the clouds.

---

in return for … : …のお返しに　desperately：必死になって：futile：むだな

するとつるがふり返りました。
そして鶴は娘の姿になりました。
「私は、前に、あなたに助けていただいた鶴です。あなたの親切にご恩返しをしたくてやってきたのです。しかし、鶴の姿を見られてしまいました。お別れしなくてはなりません」
「どうか、ずっとここにいてくれ！」と若者は叫びました。
けれども娘は涙を流しながら首を横にふるばかりでした。
娘は再び鶴の姿になり、空高く舞い上がっていきました。
若者は必死に走って追いかけました。しかし、鶴は山の向こうに飛んでいき、ついにその姿は雲の中に見えなくなりました。

Lesson 5

"Princess Kaguya"

A long time ago, there was a man called "old **bamboo** hunter" living together with his wife. They were both known for their honesty, but they had not yet been **blessed** by any children of their own.

The old man would go into the mountain to cut bamboo, which would **eventually** be made into bamboo **colander**s or baskets. One day, the old man went into the mountain as usual where **superior** quality bamboos grew, and as he walked through the bamboo forest, he noticed that one bamboo's **trunk glowed** mysteriously with a golden light.

---

bamboo：竹　blessed：恵まれた　eventually：結局は　colander：ざる　superior：上級の　trunk：みき　glow：輝く

『かぐや姫』

　むかし、竹取りの翁と呼ばれるおじいさんと、おばあさんが二人で暮らしていました。
　二人は、誠実な人柄で評判でしたが子どもに恵まれていませんでした。
　おじいさんは山に入って竹を切り、それで竹製のざるやかごをつくる仕事をしていました。
　ある日のことです。おじいさんはいつものようによい竹がたくさん生えている山の中に入っていきました。
　すると一本の竹の根もとのところが金色に光って見えました。

"That's a funny bamboo," he thought wondering why it glowed so brightly. He wanted to find out, so hesitating slightly, but not knowing what else to do, he chopped it down with his **axe**. To his **amazement**, from inside the bamboo, emerged a cute little girl! The old man took the girl up in his arms, and went home to show her to his wife.

"My, what a cute, cute girl!" his wife said, holding the little girl carefully in her arms.

"This must be a gift given to us from God," the old man said with joy **etched** in his smiling face.

The wife **nodded**, "You are right. This is truly a **blessing**. We must **raise** her with great care."

The old couple named the girl "Princess Kaguya," and from the moment the girl came into their lives, **extraordinary** and wonderful things began to happen. Whenever the old man went into the mountain to cut bamboo, there was always one glowing as if **beckoning** him, and when he cut into the bamboo, gold coins would **spill out** onto the ground by his feet.

---

axe：おの　amazement：びっくりすること　etched 刻まれた
nod：うなずく　blessing：神の贈物　raise：育てる　extraordinary：驚くべき　beckon：合図する　spill out：こぼれでる

「不思議な竹だなぁ」と言い、どうしてこんなに光り輝いているのだろうと思いました。

少しためらいながらも竹の中がどうなっているのかを知りたくて、おので竹を切ってみました。

驚いたことに、竹の中に、かわいい小さな女の子が入っているではありませんか。

おじいさんは、そっと女の子を抱きあげて、そのまま、家に帰り、おばあさんに見せました。

「まあ、かわいい、かわいい女の子だこと」と、おばあさんは、小さな女の子を大事に抱えて、言いました。

「この子は、神様が私たちに授けてくださったにちがいない」と、おじいさんはとてもうれしそうでした。

「そうですとも。本当にありがたいことですね。とても大事に育てなくてはなりませんよ」と、おばあさんもうなずきました。

二人はこの女の子に「かぐや姫」という名前をつけました。

かぐや姫が家に来て以来不思議なことが起こりました。

おじいさんが山に入って竹を切りにいくと必ず一本の竹がおじいさんを招くように光るのでした。その竹を切ると中から金の小判が出てきたのです。

As time went on, the old couple became very rich.

In addition to this **unforeseen prosperity**, in only three months, the little girl grew up to be a beautiful woman. When Princess Kaguya entered a room, the whole room would **brighten** as when the sun suddenly peeks through a cloud. Princess Kaguya's **otherworldly** beauty became the **talk** of the country as many men **sought her hand in marriage**. Some of the more **enthusiastic** among those were **Prince** Kuramochi, **Vice-Minister** Otomo, Vice-Minister Isonokami, Prince Ishitsukuri, and **Director General** Abe—all five young men of high **rank**.

---

in addition to …：…に加えて　unforeseen：予期しない　prosperity：金銭的成功　brighten：明るくなる　otherworldly：別世界の　talk：うわさ　seek her hand in marriage：彼女に求婚する　enthusiastic：熱心な　Prince：皇子　Vice-Minister：大納言もしくは中納言　Director General：右大臣　rank：地位

驚異の効果！
『七田式超右脳英語ドリル』
で英語学習を実践してみよう

part 2

　こうしておじいさんとおばあさんは大変なお金持ちとなっていきました。
　さらに驚いたことに小さな女の子は三カ月たつと美しい大人の娘に成長しました。そして、かぐや姫が部屋に入ると、その部屋はまるで雲の間から突然お日様が現れたかのように明るくなるのでした。
　かぐや姫の美しさはこの世のものとは思えないほどでした。そのうわさが国じゅうに広まり、たくさんの男性から結婚の申し出が来るほどでした。
　その中でも熱心だったのが、車持皇子（くらもちのみこ）、大伴大納言（おおとものだいなごん）、石上中納言（いそのかみのちゅうなごん）、石作皇子（いしつくりのみこ）、阿倍右大臣（あべのうだいじん）の五人の身分の高い若者たちでした。

Lesson ⑤

Princess Kaguya **turned down** all of these **proposals** causing the old couple to grow **concerned**. The old couple **pleaded with** her **to** be more open to such **suitors** so that one day she could be happily married, so Princess Kaguya finally said, "I will marry the one who brings me a **treasure** I desire which has no equal in this world. I would like to ask Prince Kuramochi to bring me the tree said to grow on Mount Horai with golden branches and fruits covered with **gems**. I would like to ask Vice-Minister Otomo for the five-colored gem which is said to be on the neck of a dragon. I would like to ask Vice-Minister Isonokami for the Koyasu shell which is said to grow inside a **swallow**'s nest, and Prince Ishitsukuri for the stone bowl believed to be used by the **Buddha**, which is said to be in India. Finally, I would like to ask Director General Abe for the **fire-mouse fur robe** which is said to be in China."

---

turn down：断る　proposal：求婚　concerned：心配した　plead with O to do：O に〜してくれるように懇願する　suitor：婚約者　treasure：宝物　gem：宝石　swallow：つばめ　Buddha：お釈迦様　fire-mouse fur robe：火ねずみの皮ごろも

かぐや姫は、すべての申し入れを断っていましたが、心配したおじいさんとおばあさんに、幸せな結婚ができるようにそんなにかたくなにならないようにと説得され、ついに、こう言いました。
「私が望む、この世に二つとない宝物を私のために持って来てくださった方となら結婚いたします。
　車持皇子様には、蓬莱山に育つという金の枝に玉でおおわれた実のついた木を、持って来ていただきます。
　大伴大納言様には、竜の首についているという五色の玉をお願いします。
　石上中納言様には、つばめの巣の中にできることがあるという子安貝を、石作皇子様には、天竺にあるというお釈迦様の使われた石の鉢をお頼みします。
　そして最後に、阿倍右大臣様には、唐土にあるという火ねずみの皮ごろもをお願い申しあげます」

The five young **noblemen** went into action right away in search of the unique treasures that each had been **assigned** to find and **retrieve**.

Prince Kuramochi, although setting off right away, came right back thinking, "no one will notice," and had **artisans** make a **fake** tree with golden branches and fruits covered with gems. Then, he brought it to Princess Kaguya's house. When he was telling a **made-up** story of how difficult it was to **obtain** the tree, the artisans **showed up** outside the house saying, "please pay us." **Needless to say**, his lie was easily discovered.

Vice-Minister Otomo **set out** on his ship **in high spirits** in search of the dragon, but the ship was caught in a heavy storm, and the **boatmen** were afraid, thinking, "the god of dragons is **upset**." With the ship almost **capsizing**, Vice-Minister Otomo **begged**, "Please forgive me." Then, **instantly**, the sea **calmed down**.

---

nobleman：貴族　assign：課す　retrieve：持って帰る　artisan：職人　fake：にせの　made-up：でっちあげた　obtain：得る　show up：現れる　needless to say：言うまでもなく　set out：出発する　in high spirits ：勇んで　boatman：船頭　upset：腹を立てる　capsize：転覆する　beg：頼む　instantly：すぐに　calm down：静まる

五人の貴公子たちは、それぞれに望まれた珍しい品を求めてすぐに行動を起こしました。
　車持皇子は、すぐ出発したものの、「どうせわからないだろう」と、引き返して、職人たちに依頼してにせ物をつくらせました。そしてそれを持ってかぐや姫の家までやってきました。いかにそれを手に入れるために苦労したかのつくり話をしていると、家の外に職人たちが来ていました。「早く代金を支払ってください」と言っているのです。こうしてうそが簡単にバレてしまいました。
　大伴大納言は勇んで船に乗り、竜を探しに行きました。しかし、船は大嵐に出会い、船頭たちは「竜の神が怒っているんだ」とおびえていました。あやうく転覆しそうになった船の中で大伴大納言も手を合わせて「お許しください」と頼みました。すると、あっという間に海は静かになりました。

Vice-Minister Isonokami climbed up on roofs everywhere in search of the Koyasu shell in a swallow's nest. However, he ended up falling from a roof, and was severely **injured**.

Prince Ishitsukuri, finding it impossible to go to India, brought a stone bowl from a nearby **temple**, but it was easily noticed as a fake. The fur robe that Director General Abe brought back, which was supposed to be of the fire-mouse, burned up as soon as it was put in a fire.

In the end, all five young noblemen gave up their **pursuit**. Then **the Emperor** himself invited Princess Kaguya into the **Imperial Court**, but Princess Kaguya wrote a letter, and turned down the offer **politely**. **Still**, the Emperor would not give up, and wrote back many times. Each time, Princess Kaguya politely **refused** his **invitation**.

---

injure：きずつける　temple：お寺　pursuit：求めること　the Emperor：天皇　Imperial Court：宮廷　politely：礼儀正しく　still：しかし　refuse：断る　invitation：招き

石上中納言は、つばめの巣の中に子安貝を見つけようとあちこちの屋根の上に昇って、子安貝を探しました。しかし、結局、屋根から落ちて、大けがをしただけに終わりました。

　石作皇子は、天竺までいけるはずもなく近くのお寺から石の鉢を持って来ましたが、簡単ににせ物と見破られました。また阿部右大臣の持ってきた火ねずみの皮ごろもも、火の中に入れるとすぐに燃えてしまいました。

　こうして五人の貴公子たちは結婚をあきらめましたが、今度は帝（みかど）がかぐや姫に宮中に入るようにと申し入れてきました。

　しかし、かぐや姫は手紙を書いて、ていねいにお断りしました。それでも帝はあきらめられずにやはり、何度も手紙を寄こされました。そのたびにかぐや姫はていねいに断わりつづけたのです。

Three years passed. Then, as summer **approached**, Princess Kaguya began to appear sad as she looked at the moon. When September arrived, the old couple **witnessed** Princess Kaguya **shedding** tears as the **glow** of the moon **surrounded** her in her room.

Worried, they asked her, "Princess Kaguya, is anything wrong?"

Princess Kaguya replied, crying, "I am not from this world, and so, I cannot stay. I was sent from the moon to **reward** you **for** your honest **deed**s, but now I am told, that on the next night of the **harvest moon**, they will come to take me back to the moon."

---

approach：近づく　witness O …ing：O が…するのを目撃する　shed：流す　glow：輝き　surround：取り囲む　reward O for …：O の…に報いる　deed：行い　harvest moon：十五夜

三年が過ぎました。かぐや姫は、夏が近づくにつれて悲しそうな顔をして月をみるようになりました。
　九月に入ると、おじいさんとおばあさんはかぐや姫が部屋の中で月の光に包まれながら涙を流しているのを見ました。
「かぐや姫や、いったいどうしたんだ」と心配するおじいさんたちに、姫は泣きながら言いました。
「私は、人間の世界の者ではありません。だから地上には住めないのです。私は、月の世界から、おじいさんとおばあさんの誠実な行いに報いるためにつかわされたのです。でも、この月の十五夜に月から私の迎えがやってくるのです」

The Emperor heard the story and gathered his soldiers. He planned to **prevent** Princess Kaguya **from** being taken back to the moon. **Heavenly beings** on a glowing **carriage** came down from the sky. It brightened as if it was **daytime** around Princess Kaguya's house, and the soldiers who looked at the heavenly beings stood **paralyzed**. They could not move **no matter how** hard they tried.

"Grandfather! Grandmother! I wish you every kind of happiness! Thank you for taking care of me for all this time. I must go now." Princess Kaguya, wearing a **celestial robe** put on by the heavenly beings, got on the beautiful carriage from **heaven** and, with tears in her eyes, said her last good-bye, and quietly **ascended** into the sky.

---

prevent O from ⋯ing：O が⋯するのを妨げる　heavenly being：天人　carriage：乗り物　daytime：昼間　paralyzed：動けない　no matter how：どんなに⋯しようとも　celestial robe：天の羽衣　heaven：天　ascend：昇る

驚異の効果！
『七田式超右脳英語ドリル』
で英語学習を実践してみよう

part 2

　話を伝え聞いた帝も兵たちを集めかぐや姫を渡すまいと構えました。
　天から光輝く車とそこに天人たちが乗って降りてきました。かぐや姫の家のあたりはまるで昼間のように明るくなり、そして天人たちの姿を見た兵たちはどうやっても体を動かすことができませんでした。
「おじいさん、おばあさん、お幸せに。長い間お世話になりました。私は帰ります。さようなら」と、かぐや姫は、天人によってかけられた天の羽衣をまといました。そして天からの美しい車に乗り、目に涙を浮かべ最後のさようならを言って、天に向かって静かに昇って行きました。

Lesson ⑤

トレーニング達成表

各レッスンごとに、学習した日付、学習時間を記入します。
暗記できるようになったら、最後に合計時間を記入しましょう。

					合計
Lesson 1	／　　分	／　　分	／　　分	／　　分	
	／　　分	／　　分	／　　分	／　　分	分
Lesson 2	／　　分	／　　分	／　　分	／　　分	合計
	／　　分	／　　分	／　　分	／　　分	分
Lesson 3	／　　分	／　　分	／　　分	／　　分	合計
	／　　分	／　　分	／　　分	／　　分	分
Lesson 4	／　　分	／　　分	／　　分	／　　分	合計
	／　　分	／　　分	／　　分	／　　分	分
Lesson 5	／　　分	／　　分	／　　分	／　　分	合計
	／　　分	／　　分	／　　分	／　　分	分

著者紹介

七田　眞（しちだ・まこと）
七田式創始者。1929 年生まれ。
長年研究してきた幼児教育を、「七田式幼児教育理論」として確立。
現在、七田式幼児教室は全国に 450 か所以上あり、七田式教育はアメリカ、台湾、シンガポール、マレーシア、インドネシア、タイなど世界的に広がっている。
主著に『七田式超右脳開発トレーニング［CD 付き］』、『七田式超右脳英語トレーニング［CD 付き］』（総合法令出版）、『七田式超右脳英語勉強法』、『七田式超右脳英語勉強法〈実践編〉』（KK ロングセラーズ）がある。
2009 年 4 月永眠。教育と共にあゆみ、教育に捧げた 79 年の人生を閉じる。

【連絡先】
◎しちだ・教育研究所／右脳開発友の会（大人の右脳開発）
http://www.shichida.com/
〒695-0011　島根県江津市江津町 526-1
フリーダイヤル（0120）707-415
　　　　　　FAX（0120）299-415

七田式超右脳英語ドリル

2006年7月7日　初版発行
2012年10月26日　4刷発行

著　者　七田眞
発行者　野村直克
発行所　総合法令出版株式会社
　　　　〒107-0052　東京都港区赤坂1-9-15
　　　　日本自転車会館2号館7階
　　　　電話　03-3584-9821（代）
　　　　振替　00140-0-69059
印刷・製本　中央精版印刷株式会社

ISBN978-4-89346-967-0
©Makoto Shichida 2006
Printed in Japan
乱丁・落丁本はお取り替えいたします。
総合法令出版ホームページ　http://www.horei.com